LES INDIENS DES PLAINES

Kate Hayden

Viens découvrir mon univers et partager la vie quotidienne d'un Indien des Plaines

Bonjour, je m'appelle Blanche-Bisonne

Je suis Aigle-Chien

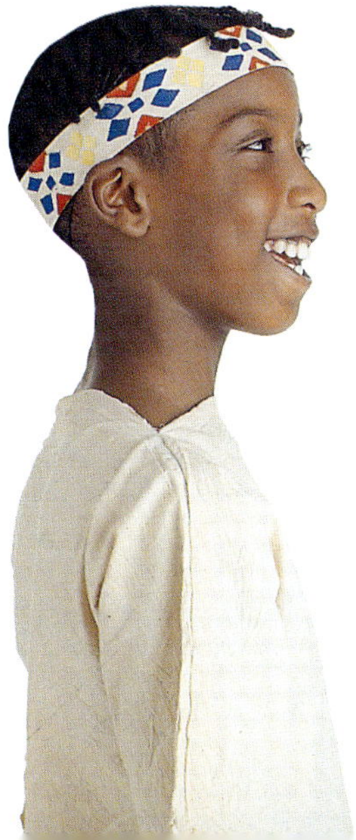

Mon nom est Nuage-Rouge

Les Editions du Carrousel

Direction artistique : Helen McDonagh
Éditrice : Jacqueline McCann
Consultant : Colin Taylor (sauf pages 6 et 9)
Coordination éditoriale : Christine Morley
Coordination artistique : Carole Orbell
Maquette de couverture : Helen Holmes
Maquillage des modèles : Melanie Williams
Illustrateur : David Hitch
Photographe : John Englefield
Photographies de Jon Barnes
et maquettes réalisées par Andrew Haslam
sur les pages 4-6, 9-11, 17, 21, 23-25.
Traduction : Claude Mallerin
Photocomposition : Nord Compo
Imprimé et relié en Chine

Loi n° 49-956 du 16 juillet 1949 sur les publications destinées à la jeunesse.

ISBN : 2-7456-0178-4

SOMMAIRE

Mon peuple

Je m'appelle Blanche-Bisonne et j'ai huit ans. Je suis née en 1867 dans un camp sioux en Amérique du Nord, dans la région des Grandes Plaines. Un grand nombre d'Indiens vivent sur ces vastes étendues herbeuses.

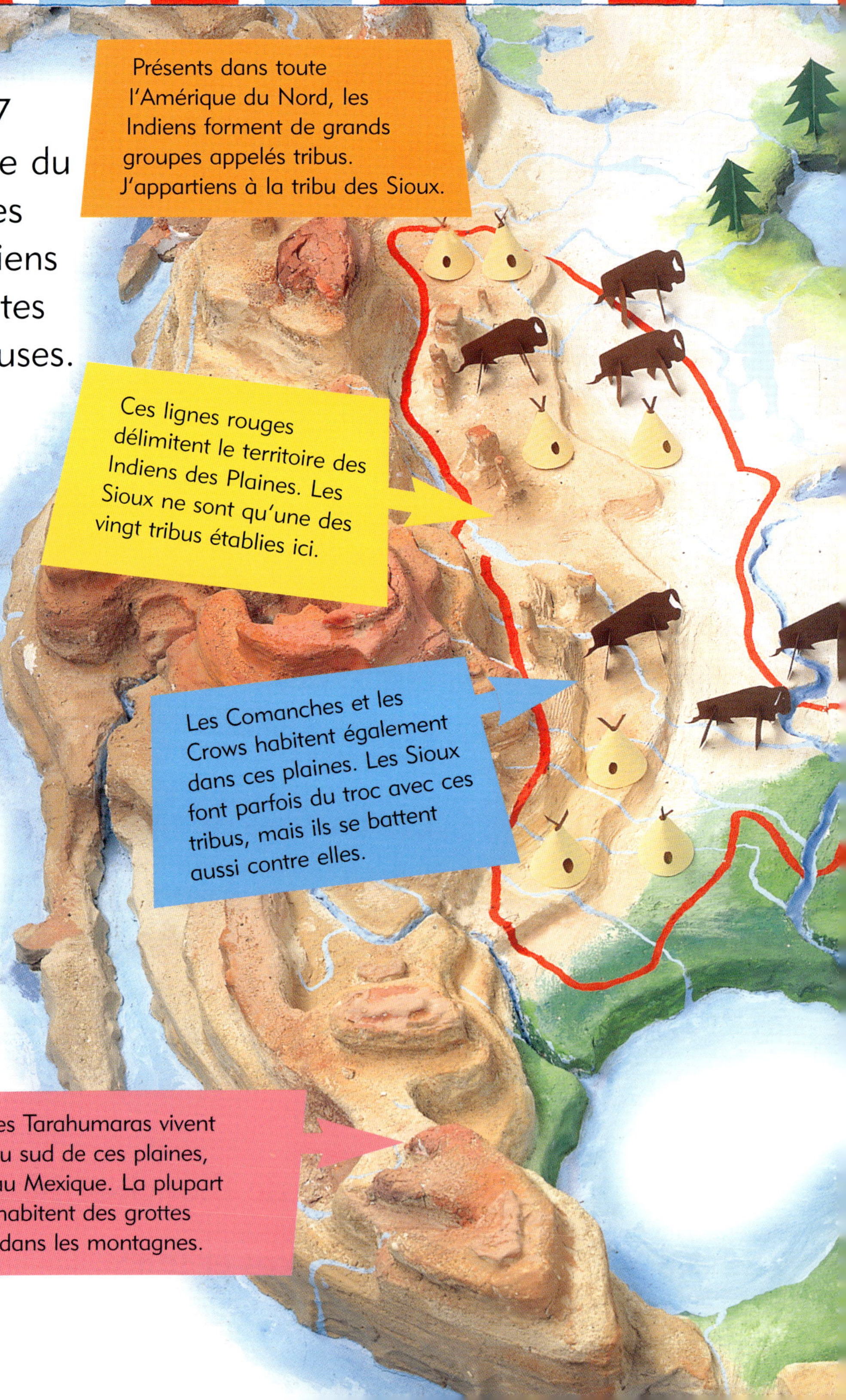

Présents dans toute l'Amérique du Nord, les Indiens forment de grands groupes appelés tribus. J'appartiens à la tribu des Sioux.

Ces lignes rouges délimitent le territoire des Indiens des Plaines. Les Sioux ne sont qu'une des vingt tribus établies ici.

Les Comanches et les Crows habitent également dans ces plaines. Les Sioux font parfois du troc avec ces tribus, mais ils se battent aussi contre elles.

Les Tarahumaras vivent au sud de ces plaines, au Mexique. La plupart habitent des grottes dans les montagnes.

Symboles sur la carte

troupeaux de bisons

villages indiens

forêts

Les Indiens d'Amérique du Nord

Les Indiens vivent en Amérique du Nord depuis des milliers d'années. Chaque tribu a sa langue, ses coutumes et ses croyances. Si certaines tribus se sont fixées dans des régions particulières, les Indiens des Plaines, eux, voyagent la plus grande partie de l'année, suivant dans leurs déplacements les immenses troupeaux de bisons. Nous ne pourrions pas survivre sans les bisons dont nous tirons notre nourriture. Leur peau sert à la confection de nos vêtements et à la construction de nos maisons.

Blanche-Bisonne

Je suis fière de mon nom, qui est aussi celui de ma grand-mère. Elle a été appelée ainsi parce qu'elle avait vu un bison blanc. En effet, c'est parfois un événement important ou un rêve mystérieux qui est à l'origine de notre nom. Mais nous pouvons aussi en changer au cours de notre vie si on le désire.

Ma famille

J'habite dans un tipi avec ma mère, mon père et mon frère Nuage-Rouge. Pendant la journée, j'aide maman à mettre de l'ordre dans le tipi et à ramasser du bois pour le feu. Une fois ces tâches achevées, je joue avec mes amis ou je m'amuse seule avec ma poupée.

Quand j'étais bébé, ma mère me transportait dans un berceau comme celui-ci, qu'elle attachait par une courroie sur son dos ou à la selle d'un cheval.

Ma cousine ramasse du bois pour faire un feu à l'extérieur du tipi.

Les petites filles sioux

Ma mère m'a dit que je me marierai à quinze ans, comme la plupart des filles de mon village. J'ai beaucoup de choses à apprendre d'ici là, comme construire un tipi et coudre des peaux pour la confection de vêtements et de mocassins.

L'initiation d'un brave

Mon père est un chasseur et un guerrier habile. Il enseignera à mon frère tout ce qui lui est nécessaire et surtout les ruses de Sioux les plus efficaces ! À seize ans, Nuage-Rouge sera envoyé sur le sentier de la guerre. Il fera alors ses preuves comme guerrier et deviendra un brave.

Aigle-Chien arbore les peintures de guerre d'un Sioux partant au combat.

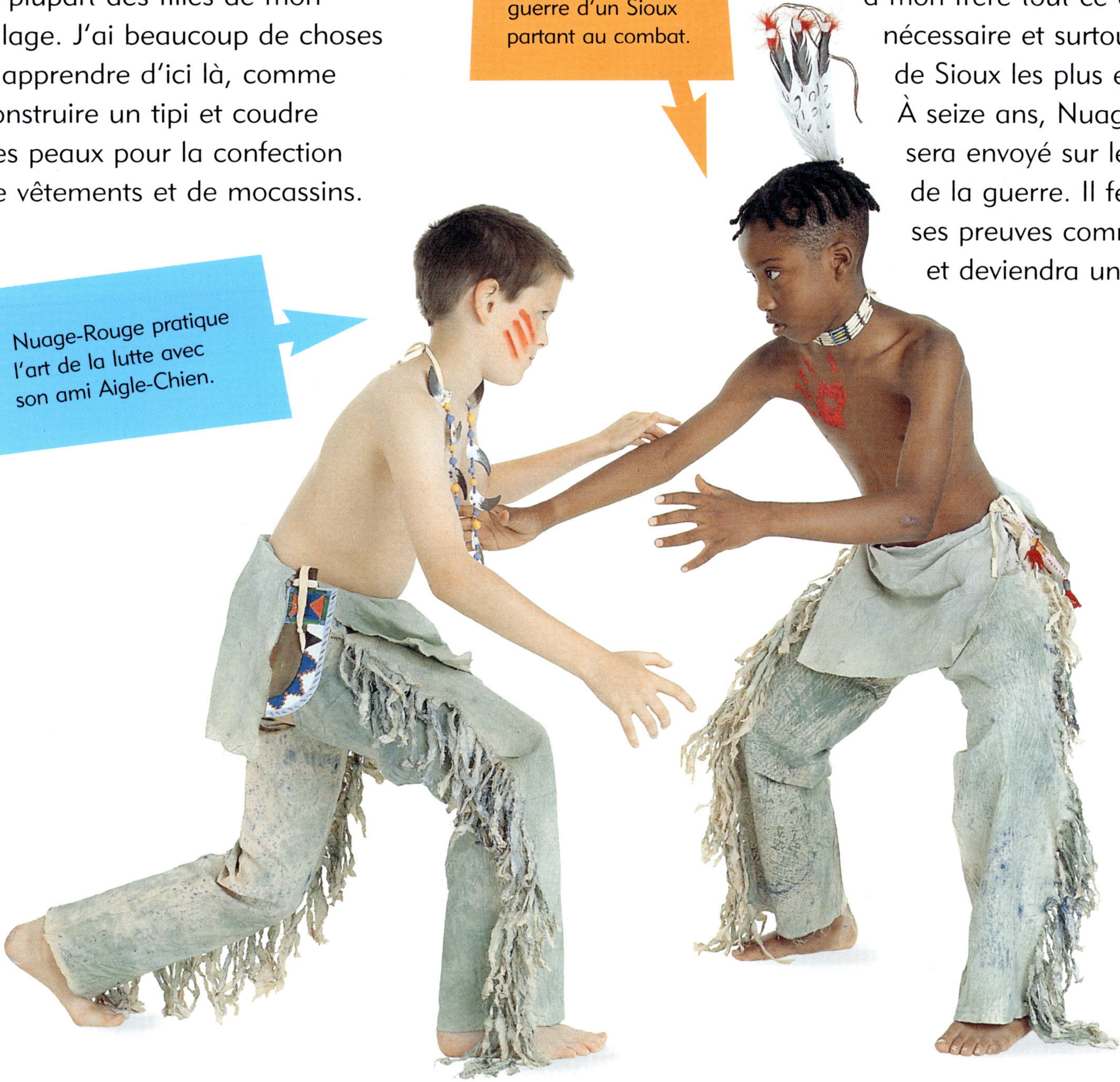

Nuage-Rouge pratique l'art de la lutte avec son ami Aigle-Chien.

Mon tipi

Lorsque nous nous déplaçons, en quête de nouveaux terrains de chasse, nous emportons toutes nos affaires, y compris notre tipi. Mon rôle est de le rouler et de le charger avec nos couvertures sur un cheval.

La construction d'un tipi

L'an dernier, maman a construit un nouveau tipi. Elle a édifié une armature de bois recouverte de peaux de bison cousues ensemble. J'ai peint un motif sur notre tipi pour qu'on le reconnaisse bien.

Fabrique un tipi

L'aide d'un adulte est nécessaire

Procure-toi 4,5 x 2 m de calicot, un rond de calicot de 50 cm de diamètre, des ciseaux, une corde, de la peinture acrylique, un pinceau, 14 perches de bois de 2,5 m de haut, 15 baguettes.

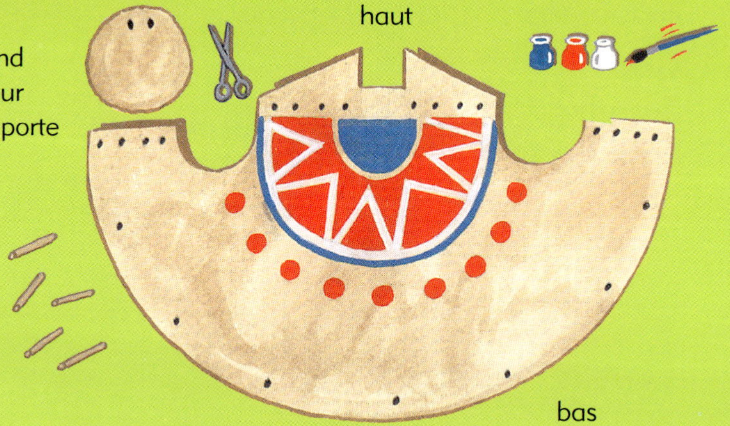

1 Découpe la forme de ton tipi dans la plus grande pièce de tissu, en faisant 23 trous aux endroits indiqués. Décore ton tipi d'un motif peint.

2 Avec la corde, attache ensemble trois perches à leur extrémité, de façon à constituer un trépied. Attache ensuite une par une les perches restantes au sommet, pour former l'armature.

3 Recouvre l'armature de tissu. Pour le maintenir en place, utilise 8 de tes baguettes, disposées comme sur la photo à droite. Suspends le rond de calicot au-dessus du trou qui constitue l'entrée.

4 Fixe au sol le tipi en plantant les 7 baguettes restantes.

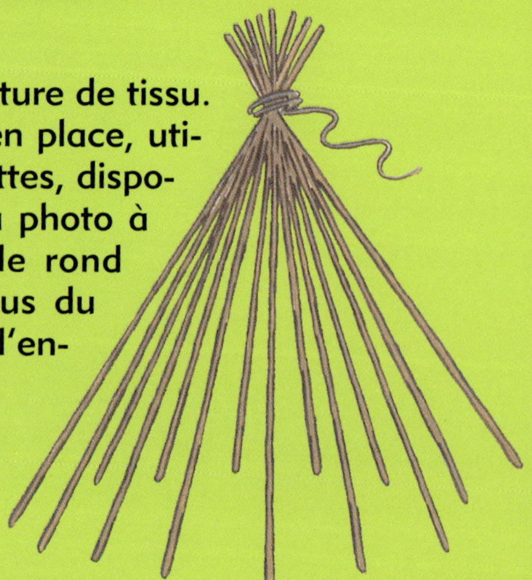

Une maison idéale

Le tipi est une maison rudimentaire, mais qui convient parfaitement à notre mode de vie. L'hiver, nous pouvons y faire du feu, et l'été nous sommes protégés du soleil.

Hier et aujourd'hui...

Le mot « tipi » est la combinaison de deux mots sioux qui signifient « utilisé comme maison ». Aujourd'hui, les nombreux adeptes du camping couchent sous des tentes semblables aux tipis.

Bienvenue dans mon tipi

Il y a quelques règles importantes que tout visiteur doit connaître : souviens-toi que si le pan de l'entrée est relevé, tu es le bienvenu à l'intérieur du tipi ; mais s'il est baissé, tu dois attendre que l'on t'invite à entrer. Si tu viens pour manger, pense à apporter ton bol et ta cuillère. Et ne laisse jamais rien dans ton assiette !

Fixer le tipi avec des piquets n'est pas une tâche facile !

Les braves font le guet pendant que les femmes montent le tipi.

Mon village

Croiser les doigts comme je le fais veut dire « tipi » dans notre langage des signes. Mon village compte vingt tipis au total. Chaque été, les habitants de plusieurs villages sioux parcourent ensemble les Plaines.

Le choix d'un camp

Il n'est pas toujours facile de trouver un bon emplacement. Il nous faut de l'eau pour nous désaltérer et pour faire la cuisine ; aussi l'endroit idéal où planter un tipi est-il un lieu ombragé, au bord d'une rivière ou d'un ruisseau. Les Plaines sont souvent balayées par un vent violent, c'est pourquoi maman veille toujours à ce que le tipi s'ouvre dans la direction opposée au vent.

La vie du village

Pendant que les hommes sont à la chasse, les femmes préparent les peaux de daim et de bison destinées à la fabrication des tipis, de sacs, de vêtements et de couvertures. Avant de les utiliser, on tend ces peaux sur un cadre en bois, au soleil, puis on les racle et on les assouplit.

Nos soirées

Nous attendons que les hommes reviennent de la chasse, le soir, pour manger. S'ils ramènent du bison, nous avons de la viande fraîche, autrement nous nous contentons de viande séchée. Après le repas, nous nous asseyons, mes amis et moi, autour du feu de camp pour écouter des histoires sur nos ancêtres et sur les esprits.

Nos habits

De longues tresses sont un critère de beauté chez les filles sioux.

Ma plus jolie robe est partout ornée de franges.

Nos vêtements sont faits en peau de daim, un matériau très souple. Nous portons tous des jambières et des mocassins, les filles sous leur robe, les garçons avec une chemise.

Fabrique une paire de mocassins

Procure-toi 50 cm de calicot, des épingles, une aiguille, du fil, du thé froid, de la peinture acrylique et un pinceau.

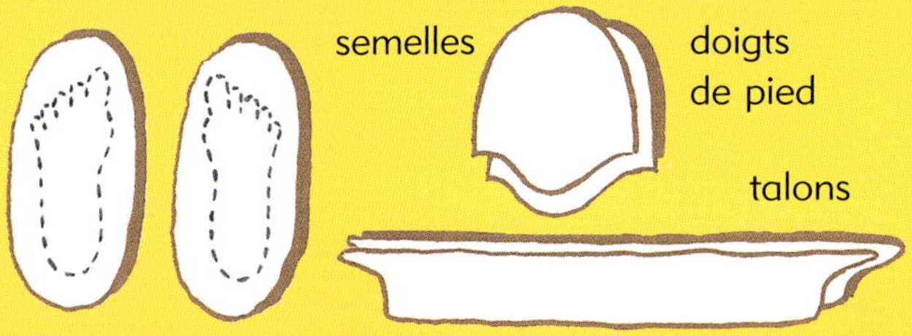

1 Place tes pieds sur le tissu et dessines-en le contour, en comptant 2 cm de largeur supplémentaire pour les orteils. Découpe deux exemplaires de chaque forme de pied.

2 Épingle le talon à la semelle, puis épingle la pièce des orteils à la semelle. Épingle maintenant la pièce du talon à celle des orteils.

Robes et mocassins

Ma mère orne les habits qu'elle fabrique de multiples petites perles brillantes, de piquants de porc-épic et de plumes. Mais nous réservons pour les occasions spéciales nos plus beaux vêtements brodés !

L'habillement des guerriers

Nuage-Rouge souhaite devenir, quand il sera grand, un excellent chasseur et un intrépide guerrier, pour pouvoir porter comme notre père des robes en bison et une parure de plumes d'aigle. Il aura une longue lance pour chasser, un tomawak pour combattre et peut-être la tribu le choisira-t-elle un jour comme chef…

Nuage-Rouge est habillé comme un vrai guerrier sioux.

3 Couds les mocassins et enlève les épingles. Fais un ourlet là où les bords s'effilochent. Retourne-les. Découpe des fentes dans les talons pour y passer les lacets.

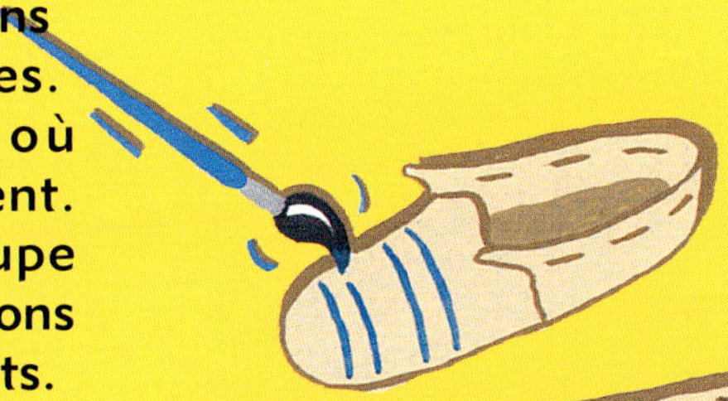

4 Teins tes mocassins avec du thé froid et peins-les une fois qu'ils sont secs. Passe des rubans larges dans les fentes pour faire des lacets.

Hier et aujourd'hui…

De nos jours, on porte des mocassins dans le monde entier. Ils sont faits en suède ou dans un cuir aussi souple que la peau de daim.

Bijoux et motifs

Les Sioux n'ont que très peu de biens ; chaque chose doit avoir son utilité. Mais les objets qu'ils possèdent sont souvent d'une grande beauté. Hommes et femmes portent des vêtements ornés de perles et de piquants de porc-épic.

Certains guerriers portent des colliers de griffes d'ours.

Mon collier est constitué de coquillages qui viennent tout droit de la mer.

Colliers de griffes d'ours

Celui qui porte un collier de griffes d'ours est un homme courageux, car il s'est battu avec un ours pour obtenir ces griffes.

Perles et piquants de porc-épic

Les squaws passent des heures à broder les vêtements de perles et de piquants de porc-épic. Maman aplatit et teint les piquants, puis elle les coud en les disposant de façon à former des motifs qui, souvent, représentent des choses qui nous entourent : un tipi, une montagne…

Nous brodons ces motifs en perles et en piquants de porc-épic.

Fabrique un sac porte-bonheur

Procure-toi un morceau de calicot de 50 cm, un crayon, des ciseaux, des épingles, du thé froid, du fil, une aiguille et des perles.

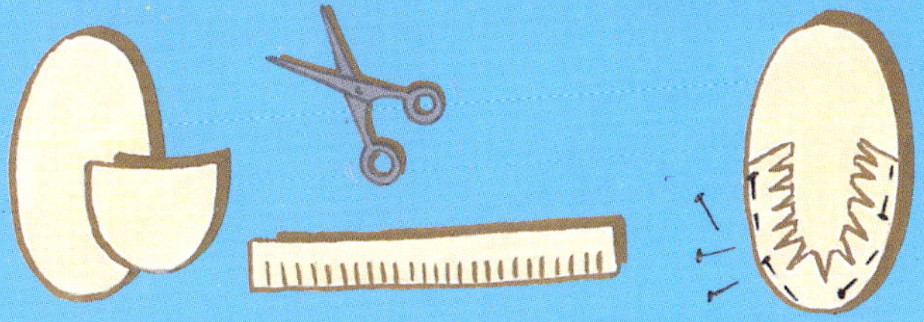

1 Dessine sur ton tissu les 3 formes ci-dessus, puis découpe-les. Pratique sur la longue bande des incisions pour faire une frange. Épingle la frange à la forme ovale, les pointes dirigées vers l'intérieur.

2 Couds à la frange la forme en demi-ovale. Retourne délicatement le sac sur l'envers et enlève les épingles.

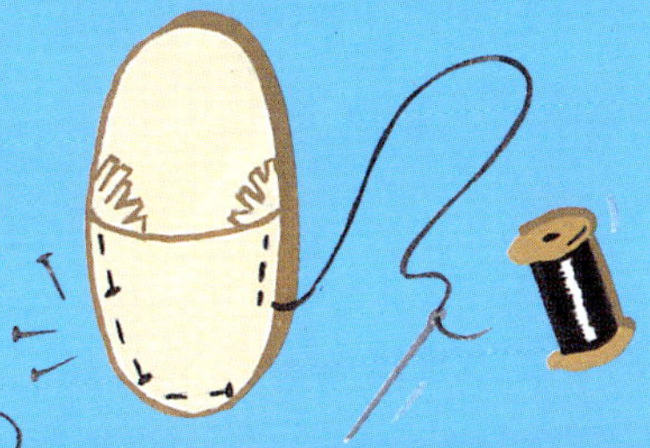

3 Ourle la partie supérieure, qui formera le rabat de ton sac. Pour lui donner l'aspect du cuir, teins le sac avec du thé froid et attends qu'il sèche.

4 Dessine un motif sur le sac, puis couds-y des perles colorées de façon à former un motif. Couds 4 ou 5 perles à la fois.

5 Couds solidement, en guise de courroie, une longue bande de tissu au sac.

Un sac porte-bonheur

Lorsqu'il part chasser, mon ami Aigle-Chien emporte un sac brodé de perles où il met ses flèches. Le motif représenté sur le sac est censé le protéger de tout danger pendant la chasse.

Notre alimentation

Les Sioux se déplacent constamment, d'un terrain de chasse à un autre, aussi n'ont-ils jamais le temps de cultiver le sol. Nous nous nourrissons de bisons et de cerfs pendant la majeure partie de l'année et cueillons en été des baies et des légumes sauvages.

Voici quelques-uns des aliments favoris des Indiens des Plaines.

Le ragoût de bison

Mon plat préféré est le ragoût de bison au feu de bois. On met d'abord la viande et les légumes dans une marmite, puis on ajoute de l'eau et des pierres chauffées à blanc. Les pierres font bouillir l'eau, et c'est ainsi que se fait la cuisson.

Le troc avec l'homme blanc

Nous obtenons par le troc ce que nous ne trouvons pas dans les Plaines, comme le sucre ou le café. L'homme blanc nous procure aujourd'hui ces denrées en échange de nos peaux de bison.

Des réserves pour l'hiver

Quand papa revient de la chasse avec un cerf ou un bison, nous n'en mangeons qu'un petit peu. Nous coupons la viande restante en lamelles que nous faisons sécher au soleil. Nous la consommons en hiver, quand le gibier se fait rare.

Le partage de la nourriture

En hiver, le froid et la neige rendent difficiles la chasse au bison et la cueillette de fruits et de légumes. Les habitants du village mettent en commun toute la nourriture. Quand nous avons des visiteurs, ils sont les premiers servis.

Confectionne des gâteaux au maïs

L'aide d'un adulte est nécessaire

Procure-toi 3 ou 4 épis de maïs, une demi-tasse de farine de maïs, de l'eau, un quart de tasse de miel.

1 Demande à un adulte de faire bouillir 14 feuilles d'épis de maïs jusqu'à ce qu'elles soient molles.

2 Mets la farine de maïs dans un saladier. Demande à un adulte d'y verser petit à petit une tasse d'eau bouillante en tournant jusqu'à obtenir une consistance crémeuse. Ajoute le miel.

3 Dispose les feuilles à plat et verse au centre de dix d'entre elles 2 cuillerées du mélange. Plie les feuilles en petits paquets que tu attacheras avec des bandes découpées dans les 4 autres feuilles.

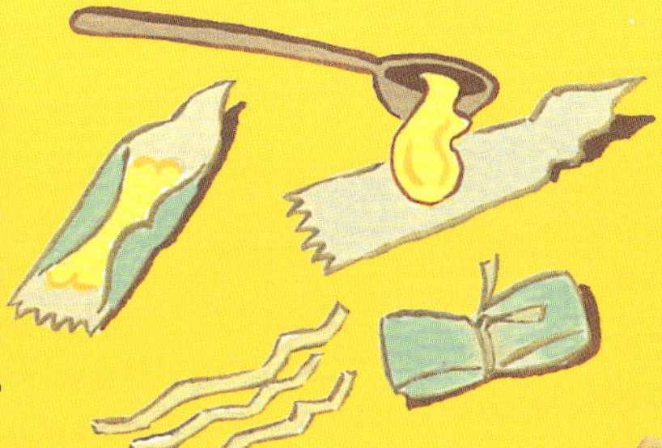

4 Fais bouillir les paquets durant 15 à 20 minutes environ. Égoutte-les et laisse refroidir. Puis ouvre les paquets et déguste tes gâteaux !

Troc avec les autres Indiens

Lorsque nous ne sommes pas en guerre avec les autres Indiens pour des questions de terrain de chasse, nous faisons du troc avec eux. Les Crows, qui vont souvent dans le Nord, nous rapportent du maïs de cette région fertile.

Recette des Indiens Hopis à l'origine, les gâteaux au maïs sont un vrai délice.

Valeureux Sioux

Les hommes sioux gagnent le respect des leurs en prouvant leur courage et leur adresse à la chasse et au combat. Avant leur départ, les braves se couvrent de peintures de guerre qui leur donnent l'air féroce. Les femmes portent aussi de telles peintures jusqu'au retour de leurs maris.

La chasse au bison

La chasse au bison nécessite beaucoup de patience, aussi considère-t-on comme un événement important la première prise d'un jeune chasseur sioux. Une des méthodes pour chasser les bisons consiste à ramper jusqu'à eux sans faire de bruit. Mon père se couvre parfois d'une peau de loup pour que les bisons ne puissent le voir ni le sentir approcher.

Nuage-Rouge s'est déguisé en loup. Il s'entraîne à traquer le bison.

Un brave ne part jamais au combat sans sa massue de guerre.

Le bouclier d'un guerrier

Lorsque mon père part se battre contre les Crows ou les Comanches, il emporte sa massue de guerre et son bouclier. Les plumes d'aigle et les symboles qui ornent ce dernier protègent mon père de ses ennemis. Nous appelons « médecines » de tels pouvoirs.

Avant la bataille

Avant une bataille, les guerriers brûlent un peu de glycérie, plante au goût sucré qui pousse dans la prairie. Puis ils adressent des chants aux esprits pour que ceux-ci les protègent sur le champ de bataille.

Hier et aujourd'hui...

L'aigle n'est pas seulement un symbole propre aux Indiens. Il est aujourd'hui l'emblème national des États-Unis.

Fabrique un bouclier à plumes d'aigle

Procure-toi 50 cm de calicot, de la colle, de la peinture, un pinceau, 8 plumes, 4 bandes de feutrine rouge, du fil, une aiguille et du scotch.

1 Découpe un rond de carton de 37 cm de diamètre. Puis découpe un rond de calicot un peu plus grand que tu colleras sur le rond de carton.

2 Dessine un motif en forme d'aigle sur ton bouclier. Peins ton motif en laissant sécher chaque couleur avant d'en utiliser une autre.

3 Attache à l'aide d'une bande de feutrine rouge deux plumes, puis colle-les à la bordure de ton bouclier. Procède de la même manière pour les autres plumes.

4 Pour la poignée, découpe une bande de carton. Courbe-la doucement. Scotche les extrémités de la bande au dos du bouclier.

Les parures de tête

Parce qu'ils volent très vite et très haut, mon peuple croit que les aigles royaux règnent sur le ciel et sur le tonnerre. C'est pourquoi les plumes de l'aigle royal sont particulièrement prisées des guerriers sioux, qui en composent leurs coiffures.

Prends des plumes et amuse-toi à leur donner une signification. Voici quelques exemples :

j'ai blessé un ennemi — j'ai vaincu un ennemi — j'ai capturé un ennemi — j'ai été blessé

Dans les grandes occasions, je porte dans les cheveux une plume d'aigle royal.

La signification des plumes d'aigle

Un guerrier sioux gagne le droit de porter une plume d'aigle lorsqu'il a accompli des actions glorieuses au cours d'une bataille. Il fait sur sa plume une marque qui précise la nature de son exploit. Chaque entaille ou point coloré sur la plume a une signification particulière, que tous les autres Sioux comprennent. Plus un guerrier porte de plumes, plus il est valeureux. Après avoir passé des années à se battre, certains guerriers comme mon père ont gagné un nombre de plumes suffisant pour constituer une parure complète : la coiffure de guerre.

La coiffure de guerre

Pour porter une coiffure de guerre, un guerrier doit avoir l'approbation des autres hommes du village. Il peut alors l'arborer lors d'une bataille ou de la danse du Soleil. Une plume d'aigle est considérée comme un porte-bonheur ; que dire alors d'une coiffure composée de 32 plumes !

Ce n'est pas avant plusieurs années que Nuage-Rouge pourra porter les 32 plumes qui constituent une coiffure de guerre.

La coiffure à cornes de bison

Mon père espère devenir un jour le chef de la tribu et porter la coiffure à cornes de bison. Seul un homme d'une grande sagesse et excellent chasseur peut devenir chef. Porter la coiffure à cornes est un grand honneur, car elle indique qu'on a la force et le courage d'un bison.

Le chef de la tribu appelle parfois l'esprit du bison pour qu'il l'aide à prendre des décisions importantes.

En voyage

À l'époque de ma grand-mère, les Sioux utilisaient des chiens pour tirer leur matériel d'un camp à un autre. Aujourd'hui, nous avons des chevaux. Lors de chaque voyage, nous mettons nos affaires dans des sacs en peau de bison appelés pare-flèches.

Ce pare-flèches contient mes paires de jambières et de mocassins de réserve.

Fabrique un pare-flèches

Procure-toi une feuille de papier de 75 x 55 cm, du thé froid, de la peinture et de la ficelle.

1 Découpe dans la feuille la forme ci-dessus. Fais 24 trous le long du bord aux endroits indiqués. Donne à ton papier l'aspect du cuir en appliquant du thé froid sur les deux côtés. Froisse le papier puis lisse-le bien.

2 Peins des motifs géométriques sur ton pare-flèches et laisse sécher.

3 Replie vers l'intérieur les côtés les plus longs. Enfile dans les trous qui se font face des bouts de ficelle.

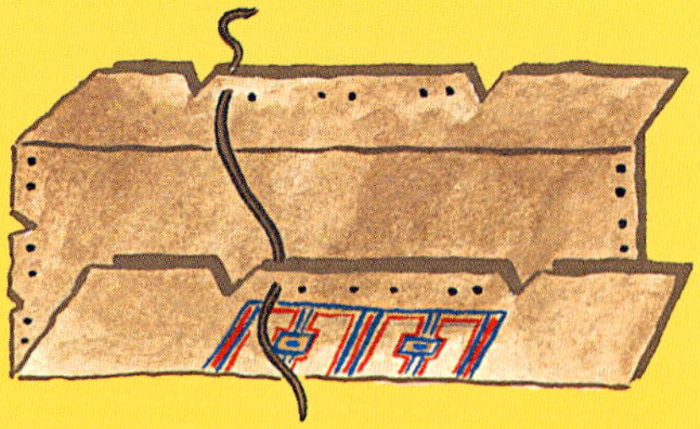

4 Replie les côtés courts et lace-les de la même façon. Pour ranger un objet dans ton pare-flèches, place-le bien au milieu avant de rabattre les côtés et de les lacer.

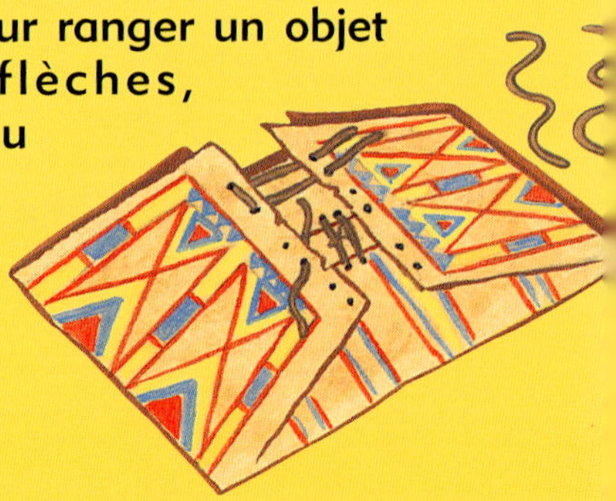

Nuage-Rouge a aidé papa à construire un bateau comme celui-ci.

La traversée des rivières

Lorsque nous rencontrons de larges rivières au débit rapide, papa construit une embarcation ronde où nous pouvons mettre toutes nos affaires. Cette embarcation, formée d'une armature légère de bois recouverte d'une robuste peau de bison, est très rapide. Une fois sur l'autre berge, nous la démontons.

Le travois

Après avoir traversé la rivière, nous rangeons nos peaux et autres bagages dans les pare-flèches, que nous chargeons sur des travois. Un travois est un attelage constitué de deux longues perches de bois avec au milieu une petite plate-forme, parfois recouverte d'un toit. Nous attachons les deux perches au cheval qui tire le tout.
Lorsque j'étais toute petite, je voyageais sur le travois, secouée par les cahots. Mais, dès cinq ans, je montais déjà à cheval et portais mon propre pare-flèches.

Lorsque nous nous déplaçons, nous transportons nos affaires sur un travois tiré par un cheval.

Nos distractions

La vie dans les Plaines peut sembler difficile, mais nous avons quand même le temps de nous amuser. Pendant la journée, mes amis et moi jouons dans le village. Le soir, nous écoutons des récits sur la vie d'autrefois. Parfois, quelqu'un joue de la musique.

À l'intérieur du tipi, nous jouons à différents jeux, peints sur des peaux de bison.

Lors du rassemblement d'été des tribus sioux, nous nous amusons à toutes sortes de jeux.

Le jeu de la balle

Le jeu de la balle est l'un de mes jeux préférés. Chaque équipe ne compte pas moins de 100 joueurs, essayant de lancer la balle dans un immense but. Mais comme ce jeu ne comporte aucune règle, les parties, toujours mouvementées, ressemblent à des batailles !

Hier et aujourd'hui...
Le jeu de la balle se pratique encore aujourd'hui dans certains endroits, sous le nom de jeu de « lacrosse ». Les équipes sont beaucoup plus réduites et des règles ont été instituées, qui évitent les débordements.

Fabrique un tambour

Procure-toi du carton épais de 1 m x 5 cm, un rond de calicot de 38 cm de diamètre, de la feutrine rouge de 1 m x 7 cm, du scotch, de la peinture, du papier, une baguette et des rubans.

1 Courbe ta bande de carton pour former un cercle et scotche les extrémités. Pour imiter le cuir, applique du thé froid sur ton rond de calicot, froisse-le et laisse sécher.

2 Colle ton tissu, bien tendu, sur le cercle, puis peins sur le tambour un motif.

3 Colle des triangles peints sur la bande de feutrine et colle-la autour du tambour.

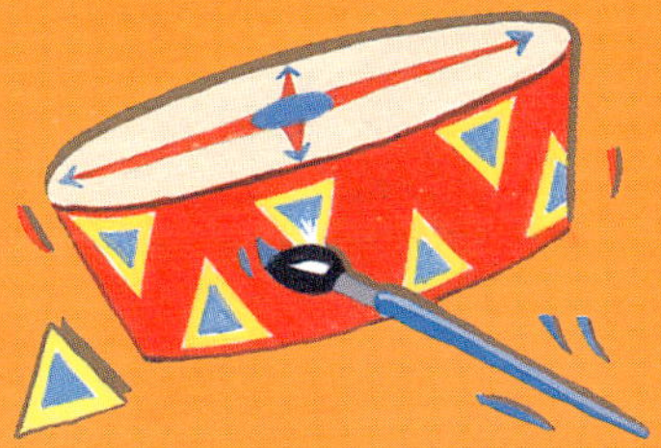

4 Enveloppe de bouts de tissu l'extrémité de la baguette. Peins-la et décore-la de rubans.

De la musique en toutes circonstances

Les événements importants comme les mariages, les naissances et les accords de paix donnent lieu à des chants et à des danses. Nous croyons que notre musique et nos chants sont entendus par les esprits qui habitent les arbres, les montagnes, les rivières et les animaux. La musique n'est pas toujours liée à des circonstances officielles. Aigle-Chien a offert une flûte à Nuage-Rouge pour son anniversaire, afin qu'il puisse faire la cour aux filles.

On tire un son mélodieux de ces flûtes sculptées dans un bois tendre.

Le tambour

Le tambour est un instrument important pour les Sioux. Il accompagne chaque cérémonie de la danse du Soleil. Frappé doucement par un saint homme, il émet un son qui ressemble à un battement de cœur.

Un saint homme joue d'un tambour semblable à celui-ci lors de la danse du Soleil.

Signes et symboles

Chaque tribu a sa propre langue et l'on parle parfois des langues différentes au sein d'une même tribu. C'est pourquoi nous avons mis au point un langage des signes compris par tous.

Le langage des signes

Il est important que nous puissions parler aux autres tribus, aussi bien pour échanger des denrées que pour établir des relations pacifiques. Je souhaite faire du troc, c'est pourquoi j'apprends ce langage.

Essaie de reproduire ces quelques signes :

ami

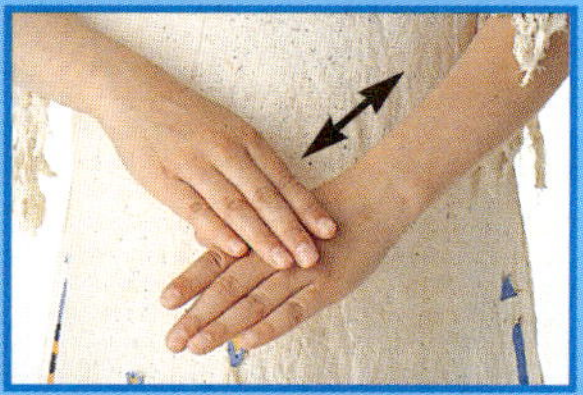

Indien

Sioux

Crow

Fais précéder le signe « Sioux » ou « Crow » du signe « Indien ».

Histoires peintes

Nous représentons par des peintures sur peau de bison les événements que nous souhaitons garder en mémoire. Ces « chroniques tribales » se lisent du centre vers les côtés, en spirale. Voici ce que raconte cette chronique : « Deux frères indiens partirent chasser le bison. Après quatre jours de marche, ils attrapèrent au lasso deux chevaux rapides. Ils chevauchèrent dans les montagnes et ils traversèrent une forêt et une rivière. Une nuit où ils campaient à proximité de collines, ils perçurent la présence de bisons. Ils se lancèrent à leur poursuite, tuèrent quelques bêtes et regagnèrent leur camp. Une fois arrivés, ils mirent la viande à sécher au soleil. »

Cette peau de bison raconte l'histoire de deux braves de mon village.

Nous notons les événements à l'aide de dessins comme ceux-ci.

un bison

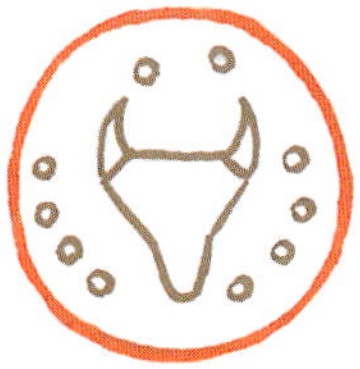

beaucoup de bisons

deux jours

un Indien

Les contes

Comme nous n'avons pas de système d'écriture, nous ne pouvons compter que sur notre mémoire pour enregistrer les légendes ou les aventures de nos ancêtres. Un conteur nous raconte de façon drôle des histoires mettant en scène des héros et des esprits. Papa dit qu'il faut les écouter attentivement, car il y a toujours de sages leçons à tirer de ces récits.

Les esprits

Les Indiens croient que l'univers est peuplé d'une multitude d'esprits. Le plus important est Wakan Tanka, le Grand Esprit. Le soleil est son symbole, et nous l'honorons par une cérémonie, la danse du Soleil.

Lorsque je danse en secouant cette crécelle, j'envoie des messages aux esprits.

Les esprits animaux

Nous pensons que les animaux ont des pouvoirs qu'ils nous transmettent. Aigle-Chien possède un sifflet en os d'aigle. Il dit que c'est un objet magique.

Fabrique un sifflet

L'aide d'un adulte est nécessaire

Procure-toi une tige de bambou de 12 cm de long, un cutter, de la pâte à modeler, de la ficelle, du ruban et une plume rouge.

1 Demande à un adulte de faire une entaille au cutter dans la tige de bambou à 5 cm de l'une de ses extrémités.

2 Bouche l'extrémité du bambou avec de la pâte à modeler. Places-en un peu dans le trou pour bloquer le conduit. Laisse une fente d'environ 2 mm pour permettre à l'air de passer. Rétrécis la fente jusqu'à ce que tu obtiennes un bon son en soufflant dans le sifflet.

3 Attache des rubans colorés au sifflet et accroches-y la plume rouge à l'aide de la ficelle.

La danse du Soleil

Chaque année, vers le milieu de l'été, toutes les tribus sioux se réunissent, après avoir parcouru de longues distances, pour la cérémonie de la danse du Soleil. Seuls des guerriers confirmés comme mon père peuvent y prendre part.

Le mât sacré

Quatre jeunes hommes choisissent l'arbre qui formera le mât sacré et quatre jeunes femmes abattent l'arbre choisi. Les hommes qui prendront part au rite s'abstiendront de manger et de boire pendant les quatre jours précédant la cérémonie. Le jour venu, ils danseront autour du mât, chanteront des chants sacrés et prieront Wankan Tanka, face au soleil.

Nuage-Rouge et Aigle-Chien s'entraînent pour la danse du Soleil en tournoyant autour du mât sacré.

Aigle-Chien appelle l'esprit de l'aigle à l'aide de son sifflet.

Légende de Blanche-Bisonne

Le soir, lorsque nous avons regagné le tipi, papa nous raconte, à mon frère et à moi, de belles histoires pour nous endormir. Il sait que celle de la femme Blanche-Bisonne est l'une de mes préférées.

Il était une fois deux braves

Un automne, il y a bien longtemps, deux braves de la tribu des Sioux sillonnaient les Plaines, en quête de bisons. S'ils ne trouvaient pas rapidement de la nourriture, les habitants de leur village n'allaient pas tarder à mourir de faim. Après avoir parcouru les Plaines pendant deux jours sans apercevoir le moindre bison, nos deux braves virent soudain venir vers eux une jeune femme d'une grande beauté. Elle portait une robe à franges, des jambières et des mocassins. Ses cheveux étaient attachés par un ruban fait d'une touffe de poils de bison blanc et son visage était peint de rayures. Elle avait à la main un bouquet de sauge, plante aux vertus curatives.

Lorsqu'elle fut près des chasseurs, la jeune femme leur dit dans leur langue : « La tribu des Bisons m'envoie à votre peuple. J'ai pour vous un présent qui vous aidera à l'avenir. Rentrez chez vous et dites à votre chef de construire un tipi spécial. Je veux également un siège d'honneur couvert de feuilles de sauge, surmonté d'un crâne de bison. Je reviendrai demain, au lever du soleil. »

Une visite mystérieuse

Les deux braves regagnèrent en hâte leur village et firent part aux leurs de cette étrange rencontre. Chacun se mit aussitôt à l'œuvre pour construire un tipi conforme au souhait de la jeune femme. Le lendemain matin, juste avant l'aube, le village entier se réunit pour attendre son hôte. Au lever du soleil, les habitants virent la femme se diriger vers le village. Elle apparut, habillée comme lors de sa rencontre avec les deux chasseurs, mais cette fois elle tenait une pipe.

Un précieux cadeau

Le chef du village conduisit la femme dans le tipi construit à sa demande et prononça ces paroles : « Aujourd'hui, le Grand Esprit, Wankan Tanka, nous a fait la faveur de nous envoyer cette jeune femme pour nous secourir en cette période de disette. Mais, malgré tout le respect que nous lui portons, nous ne pouvons lui offrir que de l'eau, tant est grande notre pauvreté. »

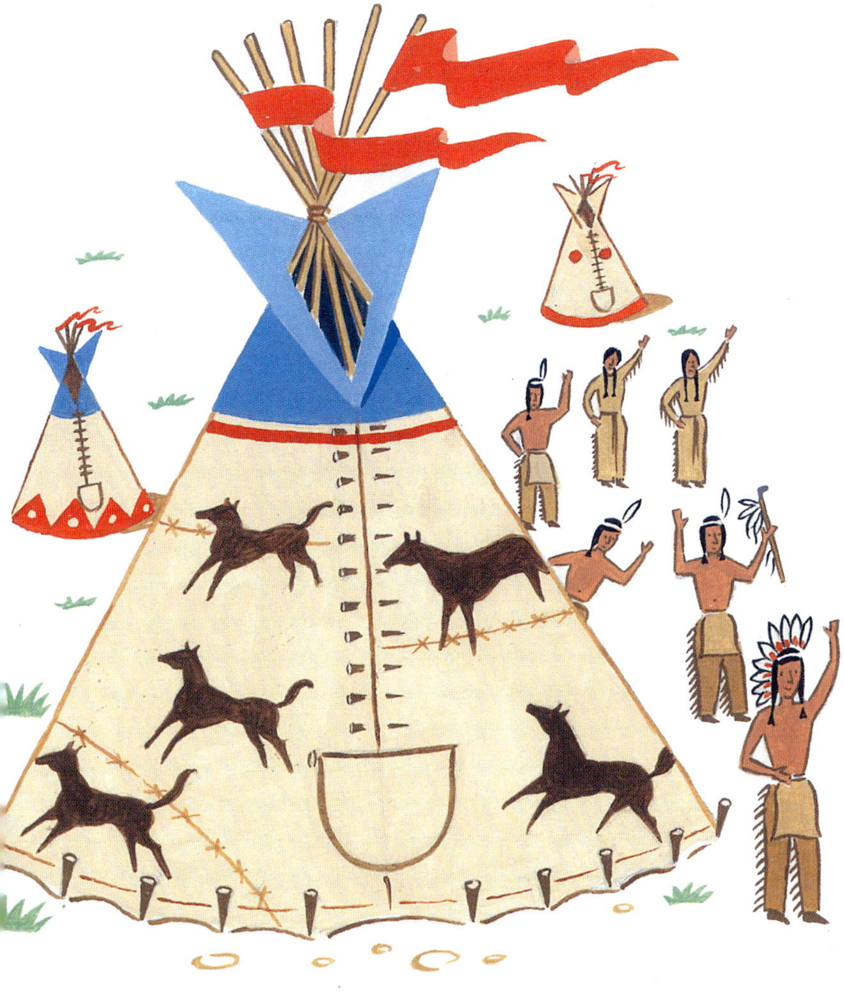

En parlant, le chef trempa un brin de glycérie dans une corne de bison remplie d'eau, qu'il tendit à la femme. Elle la prit en disant : « Mes frères et mes sœurs, vous êtes de braves gens.
La tribu des Bisons m'envoie pour vous offrir ce calumet. Si vous avez besoin de viande de bison, fumez cette pipe et vous trouverez des bisons. Cette pipe ne doit être utilisée que pour le bien : fumez-la et elle vous aidera à faire la paix avec vos ennemis. Mais souvenez-vous que tout ce dont vous avez besoin provient de la terre, du soleil et des vents. Montrez-leur toujours du respect. »

Le jeune bison blanc

Elle alluma le calumet et l'offrit à Wankan Tanka, puis elle la présenta à la terre, aux quatre vents et au soleil avant de la tendre au chef de la tribu. « Maintenant que j'ai accompli ma mission, je dois rejoindre la tribu des Bisons » dit-elle. Les habitants du village s'écartèrent respectueusement pour la laisser passer. Mais alors qu'elle s'éloignait, ils la virent se transformer en un jeune et magnifique bison blanc, animal des plus rares. Depuis, le calumet reste aujourd'hui encore l'objet le plus précieux que possède une tribu sioux.

Nos sources

L'univers de Blanche-Bisonne

Blanche-Bisonne et ses amis vivaient il y a plus de cent ans. Nous connaissons aujourd'hui son mode de vie car des Indiens ont perpétué les coutumes ancestrales des Sioux.

Où vivent les Sioux ?

De nos jours, de nombreux Sioux viennent vivre, travailler et faire leurs études dans les grandes villes d'Amérique du Nord. Certains habitent toujours des tipis dans les Grandes Plaines, sur des territoires appelés réserves.

Les Indiens des Plaines aujourd'hui

Quel que soit l'endroit où ils vivent, les Indiens des Plaines restent fiers de leurs coutumes et de leurs croyances. Certains Sioux continuent à pratiquer la danse du Soleil et à confectionner des vêtements et des mocassins à la manière d'autrefois. L'art du conte, toujours aussi vivace, aide à perpétuer les traditions.

Les chroniques tribales nous informent des événements marquants de l'histoire des Indiens des Plaines.

Index

Les objets à fabriquer sont en caractères **gras**.